Eis, Sorbet & Co.

Claudia Schmidt

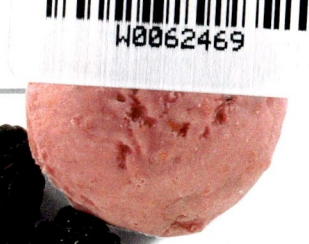

S elbst gemachtes Eis ist ein Muss für den wahren Eisfan: Knallig buntes Eis am Stiel, zartschmelzendes Softeis, Milch- und Fruchteis in den verrücktesten Geschmacksrichtungen, pikante Eisorten, eisige Sorbets und Shakes warten darauf, ausprobiert zu werden. Eistorten und -pralinen bilden den krönenden Abschluss eines eiskalten Vergnügens.

Inhalt

Alle Rezepte auf einen Blick

Rezept	Seite	kcal je Portion/Stück	low fat	raffiniert	nussig	fruchtig	sahnig	für Kids
Götterspeise-Eis	10	70	✔					✔
Mango-Kokos-Eis	10	140				✔	✔	
Brombeer-Joghurt-Eis	12	60	✔			✔		✔
Erdbeer-Kefir-Eis	13	40	✔			✔		✔
Vanilleeis mit Schokoladenüberzug	14	300					✔	✔
Ananas-Ingwer-Eis	15	110	✔			✔	✔	
Limetten-Quark-Eis	16	360				✔	✔	✔
Orangeneis	16	330				✔	✔	
Mandeleis mit Amaretto	18	290		✔		✔		
Schnelles Erdbeer-Kokos-Eis	19	190	✔			✔	✔	
Honigeiscreme	20	270					✔	✔
Zitronengraseis	21	300	✔				✔	
Vanilleeis mit Walnusskrokant	22	330			✔		✔	✔
Gummibärcheneis	24	220	✔					✔
Buttermilch-Kokos-Eis	25	180	✔	✔				
Roseneis und Mohn-Marzipan-Eis	26	240		✔				

Rezept	Seite	kcal je Portion/Stück	low fat	raffiniert	nussig	fruchtig	sahnig	für Kids
Eismohrenköpfe	28	210		✔				✔
Sultaninen-Wein-Eis	29	310		✔			✔	
Joghurteis	30	170					✔	✔
Schokoladeneis	30	230					✔	✔
Karamelleis	32	270					✔	✔
Zitroneneis	33	150	✔			✔		✔
Möhreneis mit Pistazien	34	120		✔	✔		✔	
Weißer-Pfeffer-Eis	34	120		✔			✔	
Gurkeneis	36	50	✔	✔				
Sauerkrauteis mit Mascarpone	37	260		✔				
Geeiste Tomatencreme	38	70		✔			✔	
Spinateis	39	240		✔			✔	
Gefrorene Avocadocreme	40	240		✔				
Käseeis	41	200		✔	✔			
Kiwisorbet in Apfelschorle	42	150	✔			✔		✔
Campari-Orangen-Sorbet	42	190	✔	✔		✔		

Auf ins eiskalte Vergnügen!

Mit oder ohne Eismaschine – aber auf jeden Fall selbst gemacht! Eiscreme lässt sich einfach und ohne lange Zubereitungszeiten selbst herstellen. Im Prinzip reicht dafür schon eine Tiefkühltruhe oder das Gefrierfach Ihres Kühlschrankes aus. Für den wahren Eisfan ist jedoch der Kauf einer Eismaschine empfehlenswert. Deshalb ist auch der überwiegende Teil der Rezepte in diesem Buch für Eismaschinen ausgelegt. Im Fachhandel finden Sie diese Geräte zu Preisen zwischen 80 und 300 DM.

Mit der Eismaschine ist die zum Eismachen nötige Ausrüstung jedoch schon fast komplett. Natürlich ist ein Gefrierschrank, eine Gefriertruhe oder zumindest ein Tiefkühlfach mit 3 oder 4 Sternen auf jeden Fall erforderlich, um den Eisbehälter der Maschine zu gefrieren oder um nach der Herstellung das selbst gemachte Eis aufzubewahren. Es lohnt sich auch, einige Gefrierdosen mit einem Fassungsvermögen zwischen 1/2 l und 1 1/4 l anzuschaffen.

Ansonsten benötigen Sie nur noch eine Küchenwaage, einen Messbecher, ein Handrührgerät und einen Pürierstab sowie Kochlöffel, Holz- und Plastikspatel, Schneebesen, Rührschüsseln und -becher. Ein Eisportionierer und ein Spritzbeutel leisten natürlich ebenfalls gute Dienste.

Achtung – nicht vergessen!

Bevor es nun aber wirklich mit dem Eismachen losgehen kann, müssen Sie den Eiskühlbehälter oder die Kühlscheibe Ihrer Eismaschine in einem Tiefkühlgerät oder einem Tiefkühlfach auf die erforderliche Temperatur bringen. Dazu sind beim ersten Mal mindestens 24 Stunden erforderlich. Zwischen zwei Eisrührgängen reichen Gefrierzeiten von nur noch 12–18 Stunden.

Tricks und Kniffe

• Bevor Sie das Kühlelement aus dem Tiefkühlgerät nehmen, sollten Sie alle Zubereitungsschritte, die sich im Voraus durchführen lassen, erledigt haben, denn ansonsten erwärmt sich das Kühlelement schon ein wenig und das Eis wird nicht fest.

• Achtung! Das Kühlelement muss frei von Eis sein. Wenn Sie das Eis entfernen wollen, spülen Sie das Kühlelement aber nicht ab, sonst bildet sich sofort eine Eisschicht! Eine dünne Schicht von Eiskristallen lässt sich leicht mit einem Spatel entfernen; verwenden Sie aber keinen Metallspatel, um Beschädigungen zu vermeiden.

• Rühren Sie nie mehr als die angegebenen Mengen in einem Arbeitsgang an, sonst wird das Eis nicht fest genug.

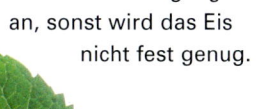

- Wollen Sie dem Eis Fruchtstückchen zufügen, so bestreuen Sie diese vorher mit etwas Zucker. Auf diese Weise verhindern Sie, dass sich später während des Gefriervorgangs in den Fruchtstückchen zu große Eiskristalle bilden können.

- Wenn das Eis schließlich fertig ist, können Sie es noch ungefähr 10 Minuten in der Eismaschine zugedeckt aufbewahren. Lassen Sie es aber auf keinen Fall noch länger in der Eismaschine – die übrigens auf jeden Fall verschlossen sein sollte – stehen, sonst kann der Rührarm einfrieren oder das Eis bereits wieder flüssig werden.

- Nehmen Sie das Eis immer mit einem Kunststofflöffel oder -spatel aus der Maschine. So vermeiden Sie eventuelle Beschädigungen und Sie werden lange Freude an Ihrer Eismaschine haben.

- Die Zubereitungszeit des Eises hängt stark von der Ausgangstemperatur der jeweiligen Mischung, der im Raum herrschenden Temperatur sowie natürlich der Menge und der Zusammensetzung der Eismasse ab. Je höher die Temperatur der einzelnen Zutaten und die Raumtemperatur, umso mehr Zeit müssen Sie für die Zubereitung des Eises veranschlagen. Das beste Ergebnis erhalten Sie, wenn Sie alle Zutaten bereits vorher gekühlt haben. Eine Eissorte, deren Volumen während der Zubereitung zunimmt, wie beispielsweise Erdbeer- oder Kirscheis, sowie eine Eiscreme, die einen hohen Sahneanteil hat, wird eine längere Zubereitungszeit benötigen als etwa Fruchteis oder ein Sorbet.

- Wenn Sie Rezepte aus diesem Buch variieren möchten, müssen Sie dabei beachten, dass die zusätzliche Beigabe von Fett, Alkohol und Zucker den Gefriervorgang verlangsamt und dass dadurch die Konsistenz des Eises weicher wird.

Die Zutaten – Basis für gutes Eis

Milchprodukte bilden die Grundlage für viele Speiseeissorten, vom klassischen Vanille- und Schokoeis bis hin zu ausgefallenen Sorten wie Kokos- oder Mohrenkopfeis. Ob Sie bei der Zubereitung Vollmilch oder entrahmte Milch verwenden, bleibt Ihre persönliche Entscheidung. Mit steigendem Fettgehalt wird das Eis cremiger. Die Eiscreme hält sich länger, wenn Sie pasteurisierte oder ultrahocherhitzte Milchprodukte verwenden.

Der hohe Fettgehalt von Sahne, Crème fraîche und Crème double sorgt dafür, dass der Eigengeschmack der anderen Zutaten betont wird und sehr intensiv ausfällt. Wenn Sie Ihr Eis besonders cremig wünschen, verwenden Sie Sahne mit einem Fettgehalt von über 32 % statt der meist üblichen 30 %. Diese ist zwar etwas teurer, jedoch wirkt sich der nur geringe Unterschied im Fettgehalt spürbar positiv auf den Geschmack aus. Zur Variation können Sie bei den Rezepten auch jederzeit eine Crème double gegen eine Crème fraîche austauschen.

Verwenden Sie keinesfalls zu grobkörnigen **Zucker**. Feiner Kristallzucker oder Raffinade löst sich deutlich schneller und auch besser auf und sorgt somit für ein vollmundigeres Aroma. Sie können jedoch auch Puderzucker, Sirup oder Honig verwenden. Halten Sie sich aber im Großen und Ganzen an die in den Rezepten angegebene Zuckermenge, denn wenn Sie zu wenig Zucker verwenden, lassen später die Struktur und die Festigkeit der Eiscreme zu wünschen übrig.

Beerenobst ist eine sehr beliebte Zutat in den verschiedensten Eissorten. Beeren sind ein typisches Sommerobst. In der Hauptsaison für Eis können Sie daher auch auf ein recht breites Angebot frischer Früchte zurückgreifen. Außerhalb der Saison sollten Sie dann TK-Beeren verwenden, denn frisches Beerenobst wird zu dieser Zeit oft aus weit entfernten südlichen Ländern eingeführt, wo es unreif geerntet werden muss, um die langen Transportwege zu überstehen. Unter diesen Transporten leidet jedoch das Aroma der Früchte stark. Bei der Eisherstellung mit tief-

gefrorenem Obst muss dieses nicht ganz aufgetaut werden. Oft können Sie es sogar besser weiterverarbeiten, wenn es nur angetaut ist – insbesondere dann, wenn es püriert werden soll.

Das Angebot an **exotischem Obst** ist insbesondere dann sehr reichhaltig, wenn unser heimisches Obst gerade keine Saison hat. Die entsprechenden Eissorten bieten sich also für die Wintermonate besonders an.

Wenn Sie pikantes Eis auf Basis von **Gemüse** herstellen, sollten Sie bedenken, dass Gemüse im Vergleich zu Obst sehr viel weniger Zucker enthält. Das Eis gefriert dadurch in der Regel schneller, die Konsistenz ist insgesamt härter. Um diese Eigenschaft etwas abzuschwächen, sollten die in den Rezepten angegebenen Milchprodukte stets in der höchsten Fettstufe verwendet werden.

Schokolade unterscheidet sich von Kuvertüre vor allem durch den Fettgehalt. Wenn Sie für die Eismasse diese beiden Zutaten gegeneinander austauschen, werden Sie allerdings keine Probleme mit der Zubereitung des Eises haben. Beim Überziehen von Eis sollten Sie jedoch nicht auf Kuvertüre verzichten. Sie lässt sich einfacher schmelzen und die Schokoumhüllung des Eises gelingt leichter.

Die Rezepte

Grüner Göttertraum
Götterspeise-Eis

low fat ✔
raffiniert
nussig
fruchtig
sahnig
für Kids ✔

Für 6 Portionen
- Zubereitungszeit:
  ca. 20 Min.
- Kühlzeit:
  ca. 20 Min.
- Gefrierzeit:
  ca. 6 Std.
- ca. 70 kcal je
  Portion

½ Beutel grünes Götterspeisepulver • 65 g Zucker
1–2 EL Zitronensaft

1. Das Götterspeisepulver und den Zucker
in 300 ml Wasser rühren. 10 Minuten aus-
quellen lassen.

2. Die Götterspeise unter Rühren einmal
aufkochen. Im kalten Wasserbad unter gelegentlichem Rühren abkühlen lassen.

3. Die Götterspeise mit Zitronensaft abschmecken, in die Eisförmchen (etwa 50 ml
Volumen) füllen und 15 Minuten stehen
lassen, bis sich der Schaum gesetzt hat.

4. Die Förmchen verschließen und im Gefrierfach etwa 6 Stunden gefrieren lassen.

Tipps

Das restliche Götterspeisepulver können Sie fest
verschlossen in einem Schraubglas aufbewahren.

Verwenden Sie zur Abwechslung einmal rotes
oder gelbes Götterspeisepulver.

Wenn Sie 12 Eisförmchen besitzen, können Sie
auch zweifarbiges Götterspeise-Stieleis zubereiten:
Dazu einfach alle Förmchen zur Hälfte mit der
einen Masse füllen, diese mindestens 5 Stunden
ins Gefrierfach geben, dann die Götterspeisemasse
der anderen Farbe darauf geben und alles nochmals
etwa 6 Stunden gefrieren lassen.

Mancoco
Mango-Kokos-Eis

low fat
raffiniert
nussig
fruchtig ✔
sahnig ✔
für Kids

Für 6 Portionen
- Zubereitungszeit:
  ca. 30 Min.
- Gefrierzeit:
  ca. 6 Std.
- ca. 140 kcal je
  Portion

1 Mango
1 Dose Kokosmilch (165 ml) • 2–3 EL Puderzucker
100 g Crème double • 2 EL Kokosraspel

1. Die Mango schälen und das Fruchtfleisch vom Stein schneiden. 125 g Fruchtfleisch abwiegen, den Rest der Frucht ander-
weitig verwenden.

2. Die Kokosmilch in ein hohes Gefäß
füllen. Abgewogenes Mangofruchtfleisch
und 1 EL Puderzucker hinzufügen und alles
mit dem Mixstab pürieren.

3. Die Crème double und den restlichen
Puderzucker steif schlagen. Die Kokosraspel
unter die Crème double heben.

4. Die Creme auf die Mango-Kokos-Mi-
schung geben und mit dem Schneebesen unterziehen. In Förmchen (etwa 50 ml Volumen)
füllen, diese verschließen und im Gefrierfach
mindestens 6 Stunden gefrieren lassen.

Tipps

Das restliche Mangofleisch würfeln und für die
nächste Eisherstellung einfrieren.

Statt Kokosraspel schmecken in diesem Eis auch
25 g gehackte Pistazien.

Nehmen Sie im Herbst oder Winter 1–2 Cheri-
moya-Früchte statt der Mango. Eventuell etwas mehr
Puderzucker verwenden.

Yobro

Brombeer-Joghurt-Eis

Für 6 Portionen

- Zubereitungszeit: ca. 20 Min.
- Gefrierzeit: ca. 6 Std.
- ca. 60 kcal je Portion

125 g Brombeeren (frisch oder TK-Ware)

40 g Puderzucker

1 frisches Ei • 75 g Vollmilch-Naturjoghurt

1. Frische Brombeeren verlesen und abspülen, TK-Brombeeren auftauen lassen.

2. Die Beeren und 1 EL Puderzucker mit dem Mixstab pürieren. Das Beerenmus durch ein Sieb streichen.

3. Das Ei und den restlichen Puderzucker mit den Quirlen des Handrührgeräts hellgelb und cremig aufschlagen. Nach und nach das Beerenmus und den Joghurt unterrühren.

4. Die Masse in die Eisförmchen (etwa 50 ml Volumen) füllen, die Förmchen verschließen und das Eis im Gefrierfach mindestens 6 Stunden gefrieren lassen.

Tipps

Das Passieren der Beeren ist zwar arbeitsaufwändig, aber notwendig, denn die kleinen Kernchen der Brombeeren würden den Eisgenuss mindern!

Das Eis schmeckt auch mit Erdbeeren sehr gut. Deren außen auf der Haut sitzende Kerne sind viel kleiner; hier können Sie sich also das Passieren sparen!

Wenn Sie keine Eis-am-Stiel-Formen besitzen, können Sie das Eis auch in schmalen, hohen Gläsern gefrieren.

Frambino

Erdbeer-Kefir-Eis

250 g Erdbeeren (frisch oder TK-Ware)

3 EL Agavendicksaft (45 g)

100 g Kefir

1. Frische Erdbeeren abspülen und putzen. TK-Erdbeeren auftauen lassen.

2. Die Beeren mit dem Mixstab pürieren und eventuell durch ein feinmaschiges Sieb streichen.

3. Den Agavendicksaft und den Kefir unter das Erdbeerpüree rühren. Die Masse kurz stehen lassen, damit sich der Schaum setzen kann.

4. Den Erdbeerkefir auf die Eisförmchen (etwa 50 ml Volumen) verteilen. Die Formen verschließen und den Erdbeerkefir im Gefrierfach mindestens 6 Stunden gefrieren lassen.

Tipps

Statt Erdbeeren schmecken auch Himbeeren, die dem Eis eine noch tiefere rote Farbe verleihen. Himbeeren sollten Sie allerdings auf jeden Fall durch ein Sieb streichen, um die kleinen Kerne aus dem Mus zu entfernen.

Schneller geht dieses Rezept mit Preiselbeersirup. Hiervon brauchen Sie 200 g. Preiselbeersirup erhalten Sie im Reformhaus und in vielen Supermärkten.

Für 6 Portionen

- Zubereitungszeit: ca. 20 Min.
- Gefrierzeit: ca. 6 Std.
- ca. 40 kcal je Portion

Magnificant

Vanilleeis mit Schokoladenüberzug

low fat

raffiniert

nussig

fruchtig

sahnig ✓

für Kids ✓

Für 6 Portionen

- Zubereitungszeit:
  ca. 30 Min.
- Kühlzeit:
  ca. 1 Std.
- Gefrierzeit:
  ca. 8 Std.
- ca. 300 kcal je
  Portion

½ TL gemahlene Naturvanille • 60 ml Milch •
50 g weiße Kuvertüre

2 frische Eigelbe • 1 ½ EL Zucker

75 g Sahne

200 g Zartbitterkuvertüre

1. Die Vanille in die Milch geben und diese erhitzen. Die weiße Kuvertüre hacken und in

der Milch auflösen. Die Mischung zugedeckt beiseite stellen.

2. Eigelbe und Zucker in eine Schüssel geben und mit den Quirlen des Handrührgeräts hellgelb und cremig aufschlagen.

3. Nach und nach die Vanillemilch unter Rühren zur Eigelbmasse gießen. Die Mischung etwa 1 Stunde kalt stellen.

4. Die Sahne steif schlagen und unter die Eigelbcreme heben. Die Masse in die Eisförmchen (etwa 50 ml Volumen) füllen und die Förmchen verschließen.

5. Das Eis im Gefrierfach mindestens 8 Stunden gefrieren lassen. Die Förmchen während der Gefrierzeit anfangs alle 30 Minuten, dann jede Stunde von unten nach oben umdrehen.

6. Die dunkle Kuvertüre hacken, in ein hohes Gefäß geben und im heißen Wasserbad auflösen. Alle Eisportionen aus den Förmchen lösen und sofort nacheinander in die heiße Schokolade tauchen. Diese gefriert sofort am Eis.

Tipps

Vom Überziehen übrig gebliebene Schokolade kann nach dem Auskühlen in Alufolie verpackt aufbewahrt und später erneut geschmolzen werden.

Wenn Ihnen die dunkle Kuvertüre zu bitter ist, verwenden Sie Vollmilchkuvertüre.

Sie können in die aufgelöste Kuvertüre auch gehackte Haselnüsse oder Mandelstifte unterrühren. Diese vorher ohne Fettzugabe in einer Pfanne unter Rühren anrösten.

Pini

Ananas-Ingwer-Eis

1 unbehandelte Limette
20 g kandierter Ingwer • 100 g Ananassirup •
150 g Dickmilch (3,5 % Fett) • 50 g Mascarpone

1. Die Limette heiß abspülen und etwa zwei Drittel der Schale abreiben. Den Limettensaft auspressen.

2. Den Ingwer im Blitzhacker fein hacken. Ananassirup und Limettenschale verrühren. In einem anderen Gefäß Dickmilch und Mascarpone ebenfalls verrühren.

3. Ananassirup und Ingwer zur Dickmilch-Mascarpone-Mischung geben und alles erneut etwa 2 Minuten rühren. Mit Limettensaft abschmecken.

4. Die Ananas-Mascarpone-Mischung auf die Eisförmchen (etwa 50 ml Volumen) ver-

teilen. Diese verschließen und im Gefrierfach mindestens 6 Stunden gefrieren lassen.

Tipps

Wenn Sie keinen Blitzhacker zur Verfügung haben, können Sie den Ingwer mit dem Messer hacken. Das geht besonders gut, wenn Sie den Ingwer zuvor 30 Minuten in den Kühlschrank legen.

Statt Ananassirup können Sie Ananasscheiben aus der Dose nehmen. Dazu 3 Scheiben mit Saft auf 100 g auffüllen und alles mit dem Mixstab pürieren.

low fat
raffiniert ✔
nussig
fruchtig ✔
sahnig ✔
für Kids

Für 6 Portionen

● Zubereitungszeit:
ca. 30 Min.
● Gefrierzeit:
ca. 6 Std.
● ca. 110 kcal je
Portion

Lime Dream
Limetten-Quark-Eis

low fat

raffiniert

nussig

fruchtig ✔

sahnig ✔

für Kids ✔

250 g Sahnequark

2 unbehandelte Limetten

3 EL Zucker

4–5 EL Agavendicksaft • 150 g Crème fraîche

200 g Sahne

kandierte Limettenstückchen zum Garnieren

Für 6 Portionen
- Zubereitungszeit: ca. 15 Min.
- Gefrierzeit: ca. 30 Min.
- ca. 360 kcal je Portion

1. Ein Sieb mit einem Geschirrtuch auslegen und den Quark hineingeben. Den Quark darin abtropfen lassen.

2. Die Limetten heiß abspülen und die Schale von 1 Limette abreiben. Die andere Limette dünn schälen und die Schale in Streifen schneiden. Beide Limetten auspressen.

3. Den Zucker in einer Pfanne zu hellbraunem Karamell schmelzen lassen. 1 EL Limettensaft und die Schalenstreifen untermischen. Den Karamell auf eine geölte Platte gießen und beiseite stellen.

4. Den restlichen Limettensaft, abgeriebene Zitronenschale und Agavendicksaft verrühren. Quark und die Hälfte der Crème fraîche untermischen. Alles in die Eismaschine geben und etwa 10 Minuten gefrieren lassen.

5. Inzwischen den Karamell in Stückchen zerbrechen. Die Sahne steif schlagen und die restliche Crème fraîche untermischen. Mit dem Karamell vorsichtig unter den Limettenquark heben und alles weitere 20 Minuten in der Eismaschine gefrieren lassen.

6. Das Eis in Waffeln spritzen und mit kandierten Limettenstückchen garnieren.

Orangina
Orangeneis

low fat

raffiniert

nussig

fruchtig ✔

sahnig ✔

für Kids

5 Orangen (1 davon unbehandelt)

50 g Zucker • 100 g Mandarinenstückchen (aus der Dose) • 2 EL Cointreau • 150 g Sahnejoghurt

200 g Sahne

4 Mandarinenfilets zum Garnieren

Für 4 Portionen
- Zubereitungszeit: ca. 45 Min.
- Gefrierzeit: ca. 35 Min.
- ca. 330 kcal je Portion

1. Alle Orangen heiß abspülen. Die Schale der unbehandelten Orange abreiben.

2. Alle Orangen so schälen, dass auch die weiße Haut entfernt wird. Die Orangenfilets zwischen den Trennhäuten herausschneiden, den Saft dabei auffangen.

3. Orangenfilets, Mandarinenstücke und und Zucker mit dem Mixstab fein pürieren und durch ein feines Sieb streichen. Orangenschale, Cointreau und Joghurt zugeben.

4. Die Masse in die Eismaschine geben und etwa 20 Minuten gefrieren lassen.

5. Die Sahne sehr steif schlagen und vorsichtig unter das Orangeneis heben.

6. Das Eis weitere 10–15 Minuten gefrieren lassen; dann in Waffeln geben, jeweils mit einem Mandarinenfilet garnieren und sofort servieren.

Amoroso

Mandeleis mit Amaretto

low fat

raffiniert

nussig ✔

fruchtig

sahnig ✔

für Kids

Für 6 Portionen

- Zubereitungszeit:
  ca. 1 ¾ Std.
- Gefrierzeit:
  ca. 30 Min.
- ca. 290 kcal je
  Portion

1 Vanilleschote • 250 ml Milch

2 frische Eigelbe • 80 g Zucker

100 g Mandelstifte

125 g Crème double • 1–2 EL Amaretto

1. Die Vanilleschote längs aufschlitzen und das Mark herauskratzen. Das Mark und die Schotenhälften in der Milch aufkochen, zudecken und 20 Minuten beiseite stellen.

2. Eigelbe und Zucker mit den Quirlen des Handrührgeräts in 5 Minuten hellgelb und cremig aufschlagen. Die Vanillemilch aufkochen und die Schotenhälften herausnehmen.

3. Dann 3 EL heiße Milch zur Eiercreme geben und unterrühren. Die restliche Milch langsam zugießen und dabei weiterrühren. Die Eiermilch vorsichtig unter Rühren erhitzen, bis sie dicklich wird. Die Eiercreme in eine Metallschüssel geben und sofort in kaltes Wasser stellen.

4. Die Creme unter gelegentlichem Rühren abkühlen lassen, dabei das Wasser gegebenenfalls einmal wechseln. Die Eiercreme dann etwa 1 Stunde im Kühlschrank durchkühlen lassen.

5. Die gekühlte Creme noch einmal durchrühren, in die laufende Eismaschine gießen und etwa 25 Minuten gefrieren lassen.

6. Inzwischen die Mandelstifte grob hacken und in einer Pfanne ohne Fett bei mittlerer Hitze anrösten. Die Pfanne dabei gelegentlich rütteln. Die Mandelstifte auf einem Teller verteilen und abkühlen lassen.

7. Die Crème double steif schlagen. Den Amaretto und drei Viertel der Mandelstifte in die laufende Eismaschine geben und untermischen. Die Crème double vorsichtig unter das Mandeleis heben und gegebenenfalls in der Eismaschine noch kurz weiter gefrieren lassen.

8. Das Eis in einen Spritzbeutel mit großer Rundtülle füllen und sofort in Portionsgläser oder Tassen spritzen. Mit den restlichen Mandelstiften bestreuen und servieren.

Berlingo

Schnelles Erdbeer-Kokos-Eis

low fat

raffiniert ✔

nussig

fruchtig ✔

sahnig ✔

für Kids

Für 6 Portionen

● Zubereitungszeit: ca. 10 Min.
● ca. 190 kcal je Portion

¹/₂ Limette • 2–3 EL Wodka • 2 EL Kokossirup •
1–2 EL Puderzucker • 300 g TK-Erdbeeren
200 g Sahne
2–3 TL Kokosraspel
Erdbeeren zum Dekorieren

1. Die Limette auspressen. Limettensaft, Wodka und Kokossirup in den Mixer geben. Den Puderzucker und die gefrorenen Erdbeeren zugeben.

2. Das Gerät schließen und alles auf höchster Stufe pürieren. Dann die Sahne dazugeben und kurz untermixen.

3. Das Eis in Portionsgläser füllen, mit Kokosraspel bestreuen. Die Erdbeeren zum Dekorieren teilweise in Stücke schneiden und das Eis mit ganzen und gestückelten Beeren dekorieren und sofort servieren.

Tipp

Das beste Ergebnis erzielen Sie, wenn alle Zutaten gut gekühlt sind.

Variationen

Ohne Alkohol: 1 ganze unbehandelte Limette verwenden. Die Limette heiß abwaschen und die Schale abreiben. Schale und Saft verwenden.

Mango-Kokos-Eis: 1 Mango schälen, das Fruchtfleisch vom Stein schneiden und würfeln. Die Würfel einfrieren und das Eis dann statt mit Erdbeeren mit den gefrorenen Mangowürfeln wie beschrieben herstellen.

Melly
Honigeiscreme

4 frische Eigelbe • 125 g Tannenhonig

200 ml Vollmilch

250 g Crème double

1. Die Eigelbe und 100 g Honig in einer Schüssel hellgelb und danach schaumig schlagen.

2. Die Milch erhitzen und zur Eiercreme geben, dabei weiterrühren. Alles unter Rühren erhitzen, bis die Masse dicklich wird.

3. Die Eiercreme in eine Metallschüssel geben und in kaltes Wasser stellen. Die Creme unter gelegentlichem Rühren abkühlen lassen, das Wasser gegebenenfalls einmal wechseln.

4. Die abgekühlte Eiercreme etwa 1 Stunde im Kühlschrank durchkühlen lassen. Die Creme erneut durchrühren, in die laufende Eismaschine geben und etwa 15 Minuten gefrieren lassen.

5. Inzwischen die Crème double mit den Quirlen des Handrührgeräts cremig schlagen. Vorsichtig unter die Eiercreme mischen und weitere 15 Minuten gefrieren lassen.

6. Die Masse rasch in einen Spritzbeutel mit Sterntülle füllen und in Portionsgläser spritzen. Mit dem restlichen Honig beträufeln und sofort servieren.

Tipps

Nehmen Sie eine beliebige Honigsorte nach Ihrem Geschmack! Besonders fein schmeckt dieses Eis, wenn Sie 50 g griechischen Thymianhonig und 75 g Akazienhonig mischen.

low fat

raffiniert

nussig

fruchtig

sahnig ✔

für Kids ✔

Für 6 Portionen
- Zubereitungszeit: ca. 45 Min.
- Kühlzeit: ca. 1 Std.
- Gefrierzeit: ca. 30 Min.
- ca. 270 kcal je Portion

Zitronella

Zitronengraseis

4 Stängel Zitronengras
½ l Milch
4 frische Eigelbe • 150 g Zucker
200 g Sahne
Zitronenzesten zum Garnieren

Für 6 Portionen

● Zubereitungszeit:
  ca. 45 Min.
● Kühlzeit:
  ca. 1 Std.
● Gefrierzeit:
  ca. 25 Min.
● ca. 300 kcal je

1. Das Zitronengras abspülen und auf Topfgröße kürzen. Die Stängel der Länge nach halbieren und mit der Kuchenrolle platt rollen.

2. Zitronengras und Milch aufkochen und zugedeckt 20 Minuten beiseite stellen.

3. Eigelbe und Zucker mit den Quirlen des Handrührgeräts hellgelb und cremig schlagen. Das dauert etwa 5 Minuten.

4. Die Milch erneut aufkochen, dann das Zitronengras herausnehmen. 3 EL Milch zur Creme geben und unterrühren. Die restliche Milch langsam zugießen, dabei weiterrühren.

5. Die Eiermilch vorsichtig unter Rühren erhitzen, bis sie dicklich wird. Die Eiercreme in eine Metallschüssel geben und sofort in kaltes Wasser stellen. Die Creme darin unter gelegentlichem Rühren abkühlen lassen, dabei das Wasser eventuell einmal wechseln.

6. Die abgekühlte Eiercreme etwa 1 Stunde im Kühlschrank durchkühlen lassen. Die Creme dann erneut durchrühren und in die laufende Eismaschine geben; 25 Minuten gefrieren lassen.

7. Inzwischen die Sahne sehr steif schlagen und vorsichtig unter das Zitronengraseis heben; eventuell noch kurz weitergefrieren lassen. Das Eis in einen Spritzbeutel mit großer Sterntülle füllen, sofort in Portionsgläser spritzen, mit Zitronenzesten garnieren und servieren.

Traum in Weiß mit Sweet Crunch
Vanilleeis mit Walnusskrokant

low fat

raffiniert

nussig ✔

fruchtig

sahnig ✔

für Kids ✔

Für 6 Portionen
- Zubereitungszeit: ca. 1 ¼ Std.
- Gefrierzeit: ca. 20 Min.
- Kühlzeit: ca. 1 Std.
- ca. 330 kcal je Portion

200 ml Milch • 200 g Sahne • ½ Vanilleschote •
1 Prise Salz

3 frische Eigelbe • 115 g Zucker •
50 g Kondensmilch

100 g frische Walnusskerne

30 g Butter • 40 g Ahornsirup

Zitronenmelisse zum Garnieren

1. Die Milch und 100 g Sahne in einen Topf geben und erhitzen. Die Vanilleschote längs aufschlitzen, das Mark mit einem Löffelchen herauskratzen und mit der Schote und dem Salz zur Sahnemilch geben. Alles unter Rühren einmal aufkochen lassen, sofort von der Platte nehmen und die Schote herausnehmen.

2. Die Eigelbe mit etwa 80 g Zucker cremig schlagen, dann die heiße Sahnemilch unter Rühren dazulaufen lassen. Die Flüssigkeit zurück in den Topf gießen und unter Rühren erhitzen, bis die Masse leicht andickt. Die Kondensmilch einrühren, die Masse umfüllen, etwa 30 Minuten abkühlen lassen und dann für 1 Stunde in den Kühlschrank stellen.

3. Die restliche Sahne steif schlagen und unter die gekühlte Masse ziehen. Die Mischung in die laufende Eismaschine geben und 15–20 Minuten gefrieren lassen.

4. Während die Eismasse im Kühlschrank ist, die Walnusskerne grob hacken und in einer Pfanne ohne Fett nur kurz anrösten; sie sollen nicht zu dunkel werden. Die Nüsse aus der Pfanne nehmen und beiseite stellen.

5. Die Butter, den Ahornsirup und den restlichen Zucker in die heiße Pfanne geben und unter Rühren erhitzen, bis sich der Zucker gelöst hat. Die Walnusskerne in die Butter-Zucker-Mischung geben. Alles kräftig verrühren und die Pfanne sofort vom Herd nehmen.

6. Die Masse auf ein Schneidebrett geben, etwas ausstreichen, mindestens 1 Stunde abkühlen lassen und dann mit einem scharfen Messer in Krokantstücke hacken.

7. Das Vanilleeis als Kugel portionieren und mit dem gehackten Walnusskrokant und einem Zweig Zitronenmelisse garnieren.

Tipp

Nehmen Sie nur frische Walnusskerne, geschälte Walnüsse schmecken schnell ranzig. In einem Schraubglas im Kühlschrank aufbewahrt hält sich der Krokant einige Wochen.

Thommy's Dream
Gummibärcheneis

250 g Gummibärchen
150 g weiße Schokolade • 440 ml Milch •
100 g Sahne
2 frische Eigelbe • 50 g Blütenhonig • 50 g Zucker •
1 Prise Salz
6 EL Apfelsaft
Gummibärchen zum Dekorieren

1. Am Vorabend ein Drittel der Gummibärchen in $1/4$ l Wasser einweichen.

2. Am Zubereitungstag die Schokolade in Stücke brechen und mit 4 EL Milch im Wasserbad unter Rühren schmelzen. Das Ganze etwas abkühlen lassen und die Sahne und die restliche Milch einrühren. Die Mischung etwa 1 Stunde in den Kühlschrank stellen.

3. Inzwischen die Eigelbe mit dem Honig, dem Zucker und dem Salz cremig schlagen, bis die Masse fast weiß ist. Die Schokoladenmilch in die Eigelbmasse gießen, alles gut miteinander verrühren. Die Eismischung in die laufende Eismaschine füllen und etwa 35 Minuten gefrieren lassen.

4. Die eingeweichten Gummibärchen aus dem Wasser nehmen und in grobe Stücke schneiden.

5. Die restlichen Gummibärchen im Wasserbad mit dem Apfelsaft unter Rühren schmelzen.

6. Die Gummibärchenstücke und die geschmolzenen Gummibärchen unter die Eismasse rühren.

7. Die Eismasse in nur für diesen Zweck gekaufte Sandförmchen füllen. Die Oberfläche glatt streichen. Die Förmchen zugedeckt in den Gefrierschrank stellen. Vor dem Servieren einige Minuten herausstellen und mit Gummibärchen dekoriert servieren.

low fat

raffiniert ✔

nussig

fruchtig

sahnig

für Kids ✔

Für 10 Portionen

- Zubereitungszeit:
  ca. 1 Std.
- Kühlzeit:
  ca. 1 Std.
- Gefrierzeit:
  ca. 35 Min.
- ca. 220 kcal je
  Portion

Cocolala
Buttermilch-Kokos-Eis

¹/₂ l Buttermilch • 100 g Kokosraspel

4 frische Eigelbe • 150 g Zucker

100 g saure Sahne

2 Kokosnüsse zum Anrichten

Zitronenmelisse zum Garnieren

1. Die Buttermilch erhitzen, aber nicht kochen lassen. Die Kokosraspel in einer Pfanne nur kurz anrösten – sie dürfen keinesfalls braun werden –, dann zur Buttermilch geben und die Kokos-Buttermilch pürieren.

2. Die Eigelbe mit 100 g Zucker schaumig schlagen. Die Kokos-Buttermilch unter Rühren zur Eigelbmasse geben. Alles wieder in den Topf füllen und unter Rühren erhitzen, bis die Mischung andickt. Den restlichen Zucker einrühren, bis er sich aufgelöst hat.

3. Die Kokosmasse mindestens 30 Minuten abkühlen lassen, dann die saure Sahne

unterrühren und das Ganze für 1 Stunde in den Kühlschrank stellen.

4. Die gekühlte Masse noch einmal durchrühren, in die laufende Eismaschine geben und etwa 25 Minuten gefrieren lassen.

5. Die Kokosnüsse aufbrechen. Die Kokosmilch abgießen, beiseite stellen und für ein anderes Gericht verwenden. Das Buttermilch-Kokos-Eis zu Kugeln portionieren und in die Kokosnusshälften geben. Mit Kokosfleischspänen und Zitronenmelisse garnieren.

Tipp

Eine Kokosnuss öffnet man, indem man 2 Augen der Nuss mit einem Nagel durchsticht und die Kokosmilch in eine Schüssel gießt. Die Nuss rundum mit dem Hammer anschlagen und auseinander brechen.

low fat

raffiniert ✔

nussig ✔

fruchtig

sahnig

für Kids

Für 10 Portionen

● Zubereitungszeit: ca. 45 Min.
● Kühlzeit: ca. 30 Min.
● Gefrierzeit: ca. 25 Min.
● ca. 180 kcal je Portion

Rosenteller

Roseneis und Mohn-Marzipan-Eis

Für 6 Portionen

- Zubereitungszeit:
  ca. 1 ½ Std.
- Kühlzeit:
  ca. 2 Std.
- Gefrierzeit:
  ca. 3 Std.
- ca. 240 kcal je
  Portion

6 Beutel Malventee

90 g Zucker • 2 EL Rosenwasser

2 frische Eiweiße • 2 EL Honig • 2 TL Zitronensaft •
250 g Quark • 50 g Sahne

50 g Marzipanrohmasse • 50 g Mohnback-
mischung (fertige Kuchenfüllung) • 1 frisches Ei •
2 EL Puderzucker • 200 ml Buttermilch •
1 Prise Salz

1 EL Speisestärke

ungespritzte, rote Rosenblätter zum Dekorieren •
Zitronenmelisse zum Dekorieren

1. Für das Roseneis am Vortag 330 ml
Wasser mit den Teebeuteln aufkochen und
auf der ausgeschalteten Herdplatte 10 Minuten ziehen lassen. Die Teebeutel mit einer
Gabel vorsichtig ausdrücken, 200 ml Tee für
die Sauce beiseite stellen.

2. Im restlichen Tee 4 EL Zucker auflösen
und 1 EL Rosenwasser dazugeben. Den Tee
30 Minuten abkühlen lassen und dann
1 Stunde in den Kühlschrank stellen.

3. Inzwischen 1 Eiweiß mit dem Honig
und 1 TL Zitronensaft cremig schlagen. Die
Hälfte des Quarks, die Sahne, den Tee und
das Eiweiß verrühren. Die Masse in die laufende Eismaschine füllen und in 10–20 Minuten gefrieren lassen. Das Roseneis in eine
Gefrierschale füllen und im Gefriergerät aufbewahren.

4. Am Zubereitungstag für das Mohn-Mar-
zipan-Eis die Marzipanrohmasse in kleine
Würfel schneiden und mit der Mohnmi-

schung, dem Ei, dem restlichen Rosenwasser und 1 EL Puderzucker gut verrühren. Den
restlichen Quark und die Buttermilch einrühren, bis sich das Marzipan und der Zucker
ganz aufgelöst haben. Alles 1 Stunde in den
Kühlschrank stellen.

5. Nach Ende der Kühlzeit das restliche Eiweiß mit dem restlichen Puderzucker, dem
restlichen Zitronensaft und dem Salz steif
schlagen. Den Eischnee unter die Marzipanmasse rühren, alles in die laufende Eismaschine geben und etwa 15 Minuten gefrieren
lassen.

6. Für die Sauce den restlichen Zucker in
den restlichen Malventee geben und rühren,
bis er sich vollständig aufgelöst hat. Die Speisestärke einrühren und alles unter ständigem
Rühren einmal aufkochen.

7. Von beiden Eissorten je 1 Kugel in einem Eisbecher anrichten. Mit der warmen
Sauce begießen und mit einigen Rosen-
blättern und Zitronenmelisse dekorieren.

Tipp

Sie können dieses Dessert auch mit Malvenblüten
und ein paar Sahnetupfen dekorieren.

Black Beauty

Eismohrenköpfe

6 Mohrenköpfe
1–2 EL Puderzucker • ¼ l Milch
100 g Zartbitterkuvertüre

1. Die Mohrenköpfe vorsichtig zerlegen: Dazu die Waffel und den Schokoladenguss ablösen und beiseite stellen. Den Zuckerschaum in eine Schüssel geben.

2. Den Puderzucker und die Milch zum Zuckerschaum geben und alles zu einer homogenen Creme verrühren. Diese in die Eismaschine füllen und etwa 10 Minuten gefrieren. Den abgelösten Schokoladenguss zur Eismasse geben und alles weitere 10–15 Minuten gefrieren lassen.

3. Inzwischen die Mohrenkopfwaffeln auf einer Platte auslegen. Nach Ablauf der Gefrierzeit mit einem großen Eiskugelportionierer (Größe 14) auf jede Waffel eine Kugel aus der Eismasse setzen. Die Eismohrenköpfe noch für 1–2 Stunden im Gefriergerät nachgefrieren lassen.

4. Rechtzeitig vor dem Servieren die Kuvertüre im Wasserbad schmelzen. Die gefrorenen Eismohrenköpfe mit der geschmolzenen Schokolade überziehen.

Tipps

Anstelle von Zartbitterkuvertüre können Sie Vollmilch- oder weiße Kuvertüre verwenden.

Sie können auch Schokolade mit 1 EL Kokosfett schmelzen, dann bekommt der Überzug einen besonders schönen Glanz.

Zusätzlich können Sie den Schokoladenüberzug mit Kokosraspel, Schokoraspel oder bunten Zuckerstreuseln bestreuen.

low fat

raffiniert ✔

nussig

fruchtig

sahnig

für Kids ✔

Für 6 Portionen

● Zubereitungszeit: ca. 30 Min.
● Gefrierzeit: ca. 2 ½ Std.
● ca. 210 kcal je Portion

Beschwipste Sultanine

Sultaninen-Wein-Eis

80 g Sultaninen • 70 ml Malaga

400 ml Milch • 1 Prise Salz • 4 frische Eigelbe •

2 P. Vanillinzucker • 130 g Zucker •

1 EL Puderzucker

200 g Sahne • 2 TL Krokant

Krokant zum Garnieren •

Pfefferminzblättchen zum Garnieren

1. Die Sultaninen mit 3 EL Malaga mischen und über Nacht ziehen lassen.

2. Die Milch mit dem Salz aufkochen. Die Eigelbe mit dem Zucker cremig schlagen, die Milch dazurühren und alles bei schwacher Hitze andicken lassen. Den restlichen Malaga einrühren. Die Masse abkühlen lassen und im Kühlschrank 1 Stunde kühlen.

3. Die Sahne schlagen und in die Eismasse einrühren. Die Mischung 45 Minuten gefrieren lassen. Nach 30 Minuten die Weinsultaninen sowie den Krokant zugeben.

4. Das Sultaninen-Wein-Eis zu Kugeln portionieren. Je 3 Eiskugeln in einem Schälchen anrichten, mit etwas Krokant bestreuen und mit Pfefferminzblättchen garnieren.

Für 8 Portionen

- Zubereitungszeit: ca. 45 Min.
- Ruhezeit: ca. 12 Std.
- Kühlzeit: ca. 1 Std.
- Gefrierzeit: ca. 45 Min.
- ca. 310 kcal je Portion

Yoyo
Joghurteis

low fat

raffiniert

nussig

fruchtig

sahnig ✔

für Kids ✔

Für 10 Portionen
- Zubereitungszeit: ca. 25 Min.
- Gefrierzeit: ca. 25 Min.
- ca. 170 kcal je Portion

200 g Sahne • 80 g Puderzucker
500 g Joghurt in beliebiger Geschmacksrichtung
(z. B. Fruchtjoghurt oder Nussjoghurt) •
2 frische Eier
frische Himbeeren zum Garnieren • Eiswaffeln zum
Garnieren • Pfefferminzblättchen zum Garnieren

1. Die Sahne mit dem Puderzucker zu einer cremigen Masse schlagen.

2. Den Joghurt mit den Eiern verquirlen und die Sahne unterziehen.

3. Die Masse in die laufende Eismaschine geben und etwa 25 Minuten gefrieren lassen. Inzwischen die Himbeeren waschen und trockentupfen.

4. Das Eis zu Kugeln portionieren, in eine Eisschale geben und mit Himbeeren, je 1 Eiswaffel und Pfefferminzblättchen garnieren.

Tipp

Mit diesem Grundrezept können Sie Ihre bevorzugte Joghurtsorte schnell und einfach zu einem schmackhaften Eis verarbeiten. Da dieses Eis eine recht feste Konsistenz hat, können Sie Alkoholika dazugeben, die den Geschmack verbessern; die Eismasse wird dadurch aber auch weicher.

Happy Schoko
Schokoladeneis

low fat

raffiniert

nussig

fruchtig

sahnig ✔

für Kids ✔

Für 8 Portionen
- Zubereitungszeit: ca. 45 Min.
- Kühlzeit: ca. 1 ½ Std.
- Gefrierzeit: ca. 30 Min.
- ca. 230 kcal je Portion

¼ l Milch • 3 frische Eigelbe • 1 P. Vanillinzucker •
80 g Zucker
100 g Vollmilchschokolade • 200 g Sahne •
1 TL Kakaopulver
Borkenschokolade zum Garnieren

1. Die Milch in einem Topf erhitzen und einmal aufkochen lassen. Inzwischen die Eigelbe mit dem Vanillinzucker zu einer festen Schaummasse schlagen. Dabei den Zucker nach und nach dazurieseln lassen. Die heiße Milch unter ständigem Rühren mit dem Schneebesen langsam in die Eischaummasse gießen. Die Eiermilch wieder in den Milchtopf füllen und nochmals unter Rühren erhitzen, bis die Flüssigkeit leicht andickt; von der Platte nehmen.

2. Die Schokolade mit 3 EL Sahne im Wasserbad unter Rühren schmelzen und sofort mit 1 gehäuften TL Kakao unter die Eiermilch rühren, bis die Schokolade ganz aufgelöst ist. Die Mischung 30 Minuten abkühlen lassen, dann 1 Stunde in den Kühlschrank stellen.

3. Die restliche Sahne leicht aufschlagen und unter die Schokoladenmilch rühren. Das Ganze in die laufende Eismaschine geben und etwa 30 Minuten gefrieren lassen.

4. Das Eis zu Kugeln portionieren, in eine Eisschale geben und mit Borkenschokolade garnieren.

Tolle Kamelle
Karamelleis

Für 5 Portionen

- Zubereitungszeit: ca. 30 Min.
- Kühlzeit: ca. 1 Std.
- Gefrierzeit: ca. 30 Min.
- ca. 270 kcal je Portion

100 g Zucker

100 ml Kondensmilch • ⅛ l Milch

2 frische Eigelbe • 200 g Sahne

1. Den Zucker in einer Pfanne bei mittlerer Hitze unter Rühren schmelzen, bis er hellbraun ist. Die Pfanne von der Platte nehmen.

2. Die Kondensmilch zum Karamell geben und kräftig rühren, bis die Masse wieder glatt ist. Die Pfanne zurück auf den Herd stellen und die Masse noch etwas köcheln lassen, damit sie eindickt und sich der Karamell besser auflöst. Die Milch dazugießen und die Mischung nochmals glatt rühren. Die Karamellmilch umfüllen, abkühlen lassen und mindestens 1 Stunde kühl stellen.

3. Nach Ablauf der Kühlzeit die Eigelbe mit 1 EL Sahne schaumig schlagen und den Rest flüssige Sahne unterziehen. Die Eiersahne mit der Karamellflüssigkeit vermischen und das Ganze in der Eismaschine 25–30 Minuten gefrieren lassen.

4. Das Karamelleis zu großen Kugeln portionieren und in einer Eisschale servieren.

Tipp

Verwenden Sie zur Herstellung des Karamells am besten eine unbeschichtete Pfanne mit schwerem Boden, dann brennt der Zucker nicht so leicht an und bräunt gleichmäßiger.

low fat ✔

raffiniert

nussig

fruchtig ✔

sahnig

für Kids ✔

Fresh & Cool
Zitroneneis

4–5 Zitronen
450 g Vollmilch-Naturjoghurt • 150 g Puderzucker
4 frische Eiweiße • 1 Prise Salz
Zitronenspalten zum Garnieren •
Zitronenmelisse zum Garnieren

1. Die Zitronen halbieren, auspressen und 200 ml Saft abmessen.

2. Joghurt, Zitronensaft und 50 g Puderzucker in einer Schüssel mit dem Schneebesen cremig rühren. Die Mischung für etwa 1 Stunde in den Kühlschrank stellen.

3. Gegen Ende der Kühlzeit die Eiweiße mit dem restlichen Zucker und dem Salz steif schlagen, bis sich Spitzen zeigen. Den Eischnee unter die Joghurt-Zitronen-Masse ziehen, bis alles gleichmäßig untergemischt ist.

4. Die Masse in die laufende Eismaschine füllen und etwa 35 Minuten gefrieren lassen.

5. Das Zitroneneis zu Kugeln portionieren und in eine Schale geben. Mit einer Zitronenspalte und Zitronenmelisse dekorieren.

Tipps

Eischnee ist fertig geschlagen, wenn er schaumigfest ist und sich leicht von der Gefäßwand abhebt. Schlagen Sie dann nicht weiter, da sich die Masse sonst wieder zersetzt und zusammenfällt.

Statt das Eis in einem Schälchen zu portionieren, können Sie es auch in ein niedriges Trinkglas geben.

Für 4 Portionen
- Zubereitungszeit:
  ca. 20 Min.
- Kühlzeit:
  ca. 1 Std.
- Gefrierzeit:
  ca. 35 Min.
- ca. 150 kcal je
  Portion

Pünktchen-Anton

Möhreneis mit Pistazien

low fat

raffiniert ✔

nussig ✔

fruchtig

sahnig ✔

für Kids

Für 6 Portionen

- Zubereitungszeit: ca. 25 Min.
- Gefrierzeit: ca. 6 Std.
- ca. 120 kcal je Portion

1 kleine Möhre

30 g gehackte Pistazien

125 g Crème double • 125 ml Möhrensaft, ungesüßt • 2 EL Zitronensaft • ¼ TL Salz • weißer Pfeffer aus der Mühle • 1 Prise Zucker

1. Die Möhre waschen, schälen und auf einer Gemüsereibe sehr fein raspeln.

2. Die Eisförmchen mit Wasser spülen. Jeweils 1 ½ EL Pistazien in die Förmchen geben und diese gut schütteln, sodass die Pistazien an der Förmcheninnenwand kleben bleiben.

3. Die Crème double mit den Schneebesen des Handrührgeräts cremig aufschlagen.

Den Möhrensaft bei laufendem Gerät langsam einrühren. Die Möhrenraspel unter die Eismasse heben und alles mit Zitronensaft, Salz, Pfeffer und Zucker abschmecken.

4. Die Eismasse in die Förmchen (etwa 50 ml Volumen) füllen, diese mit dem Deckel fest verschließen und das Eis im Gefrierfach etwa 6 Stunden gefrieren lassen.

Tipp

Statt der Pistazien können Sie Walnüsse nehmen.

Weißer Pfiff

Weißer-Pfeffer-Eis

low fat

raffiniert ✔

nussig

fruchtig

sahnig ✔

für Kids

Für 6 Portionen

- Zubereitungszeit: ca. 45 Min.
- Gefrierzeit: ca. 8 Std.
- ca. 120 kcal je Portion

1 EL weiße Pfefferkörner

100 ml Milch • 100 g Sahne

10 g weiße Schokolade • 2 frische Eigelbe • 25 g Puderzucker • etwas Jodsalz

1 EL Grand Marnier

etwas Mandarinensirup

1. Die Pfefferkörner ohne Fett bei mittlerer Hitze unter Rühren etwa 3 Minuten rösten. Dann die Körner im Mörser grob zerstoßen und zurück in den Topf geben.

2. Die Milch und die Sahne zum Pfeffer geben und aufkochen. Vom Herd nehmen und zugedeckt 20 Minuten ziehen lassen.

3. Schokolade hacken. Eigelbe, Zucker und 1 Prise Salz hellgelb und cremig aufschlagen.

4. Die Pfeffermilch nach und nach durch ein Sieb zur Eigelbcreme gießen und unterrühren. Die Eiermilch vorsichtig unter Rühren erhitzen, bis die Creme dicklich wird.

5. Die Creme auf die Schokolade geben und diese unterrühren. Mit Grand Marnier aromatisieren. Die Creme im kalten Wasserbad unter gelegentlichem Rühren abkühlen.

6. Die Creme in die Förmchen (etwa 50 ml Volumen) füllen, verschließen und im Gefrierfach mindestens 8 Stunden gefrieren lassen. Die Förmchen dabei zuerst halbstündlich, dann jede Stunde von unten nach oben drehen.

7. Den Mandarinensirup in ein hohes Gefäß geben, das Eis aus der Form lösen und zum Überziehen kurz in den Sirup tauchen.

Cucumbra
Gurkeneis

Für 6 Portionen

- Zubereitungszeit: ca. 25 Min.
- Gefrierzeit: ca. 15 Min.
- ca. 50 kcal je Portion

1 mittelgroße Salatgurke

2 EL Zitronensaft • 1 EL Sonnenblumenöl •

1 EL Olivenöl • 1 P. TK-Kräutermischung (alternativ: ca. 3 EL frische, sehr fein gehackte Kräuter) •

$1/2$–1 TL Salz • etwas Zucker •

etwas schwarzer Pfeffer aus der Mühle

2 frische Eiweiße

6 Zweige Dill zum Dekorieren

1. Die Gurke schälen und einige dünne Scheiben abschneiden. Diese mit Folie bedeckt in den Kühlschrank stellen. Die restliche Gurke längs halbieren und die Kerne herausschaben.

2. Die Gurkenhälften in grobe Stücke schneiden und mit dem Zitronensaft, dem Öl, der Kräutermischung und dem Salz pürieren. Wenn keine Kräutermischung verwendet wird, die gehackten Kräuter und etwas Zucker hinzufügen.

3. Das Püree mit Salz und Pfeffer pikant abschmecken, eventuell mit Zucker und Zitronensaft nachwürzen.

4. Die Eiweiße mit 1 Prise Salz steif schlagen und den Eischnee mit dem Schneebesen unter das Gemüsepüree ziehen, bis keine Flöckchen mehr zu sehen sind. Das Ganze nochmals abschmecken, in die laufende Eismaschine füllen und 15 Minuten gefrieren lassen.

5. Das Gurkeneis mit einem Eisschaber auf Schälchen verteilen. Die Gurkenscheiben auf Holzspieße stecken. Das Eis mit je 1 Gurkenspieß und 1 Zweig Dill dekorieren.

Saure Lotte

Sauerkrauteis mit Mascarpone

low fat

raffiniert ✔

nussig

fruchtig

sahnig

für Kids

3 Äpfel (Granny Smith)

150 g frisches Sauerkraut • 150 g Zucker •
50 ml Weißwein

100–150 ml Sauerkrautsaft • 1–2 EL Calvados

125 g Mascarpone • 125 g saure Sahne

einige Apfelspalten zum Dekorieren

Für 6 Portionen

- Zubereitungszeit:
  ca. 1 3/4 Std.
- Gefrierzeit:
  ca. 30 Min.
- ca. 260 kcal je
  Portion

1. Die Äpfel waschen, die Kerngehäuse herausschneiden und das Fruchtfleisch klein schneiden.

2. Sauerkraut, Zucker, Wein und Äpfel in einem Topf aufkochen und zugedeckt 20 Minuten ganz sanft köcheln lassen. Das Apfelsauerkraut dann mit dem Mixstab pürieren und durch ein feines Sieb streichen.

3. Das Püree mit Sauerkrautsaft und Calvados abschmecken. Die Masse in eine Metallschüssel geben und im kalten Wasserbad abkühlen lassen. Gelegentlich umrühren und eventuell einmal das Wasser wechseln.

4. Das abgekühlte Püree 1 Stunde kalt stellen. Dann die Sauerkrautmasse erneut durchrühren und in die laufende Eismaschine geben. Etwa 15 Minuten gefrieren lassen.

5. Inzwischen Mascarpone und saure Sahne mit den Quirlen des Handrührgeräts aufschlagen. Unter die Sauerkrautmasse rühren und weitere 15 Minuten gefrieren lassen. Das Sauerkrauteis in Schälchen spritzen, mit Apfelspalten dekorieren und sofort servieren.

Tipps

Calvados ist ein französischer Apfelbranntwein aus der Normandie, der bis zu 6 Jahre im Eichenholzfass reift. Er verfeinert und intensiviert in diesem Eis das Apfelaroma.

Wenn Sie Sauerkraut aus der Dose verwenden, lassen Sie es vorher in einem Sieb abtropfen.

low fat

raffiniert ✔

nussig

fruchtig

sahnig ✔

für Kids

Für 10 Portionen

- Zubereitungszeit: ca. 20 Min.
- Kühlzeit: ca. 1 Std.
- Gefrierzeit: ca. 40 Min.
- ca. 70 kcal je

Rote Zora

Geeiste Tomatencreme

$1/8$ l Tomatensaft • $1/8$ l passierte Tomaten •
50 g Tomatenmark • 200 g saure Sahne •
100 g Sahne • $1/2$ TL Salz • etwas schwarzer Pfeffer
aus der Mühle • einige Tropfen Tabasco •
1 TL Zucker • 3 EL Limettensaft
je $1/2$ Bd. Schnittlauch und Petersilie
10 Kirschtomaten zum Dekorieren •
1 Zweig Basilikum zum Dekorieren

1. Alle Zutaten bis auf die Kräuter in eine Schüssel geben, mit dem Schneebesen oder dem Handrührgerät verrühren und für etwa 1 Stunde in den Kühlschrank stellen.

2. Die Kräuter fein hacken und jeweils 2 gehäufte EL unter die Tomatenmasse ziehen.

3. Die Eismischung in der Eismaschine etwa 40 Minuten gefrieren lassen.

4. Das Tomateneis zu Kugeln portionieren und in ein Schälchen geben. Mit je 1 Kirschtomate und 1 Blättchen Basilikum dekorieren.

Tipp

Da bei pikanten Eissorten Zucker nur zum Abschmecken verwendet wird und die geeiste Tomatencreme keine Eier enthält, sorgt hier allein die saure Sahne dafür, dass das Eis nicht zu Kristallen und „eiskalt" gefriert. Stellen Sie das Eis vor dem Servieren unbedingt $1/2$ Stunde in den Kühlschrank, damit es sich leichter portionieren lässt.

Grizzo

Spinateis

½ P. TK-Rahmspinat (225 g)

200 g Hüttenkäse • 1 frisches Ei • 200 g Sahne •

2 TL Kräutersalz • etwas Pfeffer aus der Mühle •

1 Prise Muskatnuss

4 Salatblätter zum Garnieren

4 hart gekochte Eier zum Garnieren

½ Bd. Schnittlauch, zerkleinert, zum Garnieren

1. Den Spinat auftauen lassen, ohne ihn zu erwärmen – am besten im Kühlschrank.

2. Zum aufgetauten Spinat etwa 100 g Hüttenkäse, das Ei und die Sahne zugeben und alles miteinander verrühren. Kräftig mit dem Kräutersalz, Pfeffer und Muskat abschmecken.

3. Die Masse in die Eismaschine füllen und etwa 20 Minuten gefrieren lassen. Vor dem Servieren das Eis 30 Minuten in den Kühlschrank stellen.

4. Die Salatblätter waschen, trockentupfen und auf 4 Desserteller geben. Das Eis in Kugeln auf die Salatblätter geben und mit Ei-achteln, Hüttenkäsehäufchen und Schnittlauch garnieren.

Tipp

Zu diesem Eis können Sie eine pikante Quarksauce reichen: Schlagen Sie 200 g Quark mit ⅛ l Milch und 3 EL Öl glatt und würzen Sie das Ganze mit Salz, Pfeffer, Paprikapulver und Zucker. Mischen Sie feine Würfel von Tomatenfruchtfleisch und Zwiebel sowie fein gehackte Kräuter unter.

low fat

raffiniert ✔

nussig

fruchtig

sahnig ✔

für Kids

Für 4 Portionen

● Zubereitungszeit:
ca. 30 Min.

● Kühlzeit:
ca. 30 Min.

● Gefrierzeit:
ca. 20 Min.

● ca. 240 kcal je
Portion

Frollo
Gefrorene Avocadocreme

1 große reife Avocado
2 EL Zitronensaft • 200 g saure Sahne •
50 ml Milch • 2 frische Eier • reichlich weißer
Pfeffer aus der Mühle • 1 TL Kräutersalz •
einige Tropfen Worcestersauce
Liebstöckel- oder Sellerieblätter zum Dekorieren •
einige Zitronenstückchen

1. Die Avocado längs rundum bis zum
Kern einschneiden, die Hälften gegeneinander drehen und die Avocados halbieren. Den
Stein herauslösen, das Fruchtfleisch mit
einem Löffel aus den Schalenhälften lösen
und in einen hohen Rührbecher geben.
2. Das Avocadofleisch sofort mit dem Zitronensaft übergießen und die saure Sahne,
die Milch und die Eier dazugeben. Das Ganze
mit dem Mixstab fein pürieren. Das Avocado-

püree mit Pfeffer, Salz und Worcestersauce
sehr pikant abschmecken.
3. Die Avocadomasse in die laufende Eismaschine füllen und etwa 15 Minuten gefrieren lassen.
4. Das Eis zu Kugeln portionieren. In
Schälchen geben und mit Liebstöckel oder
Sellerie dekorieren. Die Zitronenstückchen
dazureichen.

Tipp

Statt Kräutersalz können Sie auch normales Salz
nehmen und eine Kräutermischung aus getrockne-
ten, TK- oder frischen Kräutern unter die Eismasse
geben. Besonders gut schmeckt Schnittlauch.

low fat

raffiniert ✔

nussig

fruchtig

sahnig

für Kids

Für 4 Portionen

● Zubereitungszeit:
  ca. 20 Min.
● Gefrierzeit:
  ca. 15 Min.
● ca. 240 kcal je
  Portion

Kasenko
Käseeis

60 g Greyerzer • 50 g Emmentaler • 50 g Sahne •
$^1/_2$ TL Kräutersalz • etwas schwarzer Pfeffer aus der
Mühle • 1 Msp. geriebene Muskatnuss

1 EL Kirschwasser

1 frisches Ei • 100 g Vollmilch-Naturjoghurt •
100 g Buttermilch • 2 EL Walnüsse

$^1/_4$ Bund Basilikum • Oliven nach Belieben

1. Den Käse raspeln und mit der Sahne,
dem Kräutersalz, dem Pfeffer und der Muskatnuss in eine Metallschüssel geben.

2. Die Käsemischung im Wasserbad
schmelzen. Sobald der Käse Fäden zieht, das
Kirschwasser hinzufügen.

3. Wenn sich der Käse völlig aufgelöst hat,
die Schüssel aus dem Wasser nehmen und
die Masse etwa 30 Minuten abkühlen lassen,
dabei immer wieder durchrühren.

4. Das Ei, den Joghurt und die Buttermilch
unter die Käsemasse rühren. Das Ganze
1 Stunde kühlen. Inzwischen die Walnüsse
grob hacken.

5. Die gekühlte Käsemasse durchrühren
und die Nüsse dazugeben. Das Ganze etwa
30 Minuten gefrieren lassen.

6. Das Käseeis in kleinen Kugeln servieren
und mit Basilikumblättchen und nach Belieben mit Oliven garnieren.

Tipp

Sie können auch zusätzlich 1–2 EL geriebenen Parmesan mit den Walnüssen in das Eis geben und
zum Schluss die Eiskugeln in frisch geriebenem
Parmesan oder fein gemahlenen Walnüssen wälzen.

low fat

raffiniert ✔

nussig ✔

fruchtig

sahnig

für Kids

Für 6 Portionen

● Zubereitungszeit:
  ca. 35 Min.
● Gefrierzeit:
  ca. 30 Min.
● Kühlzeit:
  ca. 30 Min.
● ca. 200 kcal je
  Portion

vorne:
Ertrunkene Kiwi
hinten:
O Sole Mio

Ertrunkene Kiwi
Kiwisorbet in Apfelschorle

low fat ✔

raffiniert

nussig

fruchtig ✔

sahnig

für Kids ✔

Für 4 Portionen

- Zubereitungszeit:
  ca. 25 Min.
- Kühlzeit:
  ca. 1 ½ Std.
- Gefrierzeit:
  ca. 25 Min.
- ca. 150 kcal je
  Portion

80 g Zucker

4 reife Kiwis

1–2 EL Zitronensaft

½ l Apfelsaftschorle

einige Apfelspalten und Kiwischeiben zum
Dekorieren • Zitronenmelisse zum Garnieren

1. Den Zucker mit 150 ml Wasser aufkochen und etwa 5 Minuten köcheln lassen, bis die Flüssigkeit leicht sirupartig ist. Den Sirup etwa 30 Minuten abkühlen lassen, dann für 1 Stunde in den Kühlschrank stellen.

2. Inzwischen die Kiwis dünn schälen, in grobe Stücke schneiden und in einen hohen Rührbecher geben. Die Fruchtstücke pürie-ren und das Püree ebenfalls in den Kühlschrank stellen.

3. Das Püree mit dem Zuckersirup und dem Zitronensaft verrühren. Die Masse in die Eismaschine geben. Das Ganze 25 Minuten gefrieren lassen.

4. Die Apfelspalten und die Kiwistücke auf 4 Sektschalen verteilen und mit Apfelsaftschorle aufgießen. Das Kiwisorbet in einen Spritzbeutel mit breiter Tülle füllen. Das Sorbet auf das Obst spritzen und mit Zitronenmelisse garnieren.

O Sole Mio
Campari-Orangen-Sorbet

low fat ✔

raffiniert ✔

nussig

fruchtig ✔

sahnig

für Kids

Für 6 Portionen

- Zubereitungszeit:
  ca. 25 Min.
- Kühlzeit:
  ca. 2 Std.
- Gefrierzeit:
  ca. 1 ½ Std.
- ca. 190 kcal je
  Portion

100 ml Campari • 420 ml Orangensaft •
170 g Puderzucker

2 frische Eiweiße

Orangenzesten zum Garnieren

1. Den Campari mit 400 ml Orangensaft und 70 g Puderzucker in einen Rührbecher geben und rühren, bis sich der Zucker aufgelöst hat. 2 Stunden in den Kühlschrank stellen.

2. Nach Ablauf der Kühlzeit die Eiweiße mit dem restlichen Zucker und dem restlichen Saft schaumig schlagen. Die Eiweißmasse mit der Orangen-Campari-Mischung verrühren und in der Eismaschine 30–35 Minuten gefrieren.

3. Das Campari-Orangen-Sorbet in einen Spritzbeutel mit weiter Lochtülle füllen. Auf ein mit Pergamentpapier ausgelegtes Blech Tupfer (etwa 4 cm Ø) spritzen. Das Ganze etwa 1 Stunde gefrieren.

4. Einige Stücke des Sorbets in einen breiten Sektkelch oder eine -schale geben und mit Orangenzesten dekorieren.

Tipp

Sehr gut schmeckt dieses Sorbet, wenn Sie es in der Eismaschine 30–35 Minuten gefrieren, dann mit dem Spitzbeutel in hohe Gläser spritzen und diese mit frisch gepresstem Orangensaft auffüllen.

Blue Heaven

Sorbet mit Blue Curaçao

low fat ✓

raffiniert ✓

nussig

fruchtig

sahnig

für Kids

Für 6 Portionen

- Zubereitungszeit:
  ca. 15 Min.
- Gefrierzeit:
  ca. 40 Min.
- ca. 110 kcal je
  Portion

50 g Limettensirup • 100 g Blue Curaçao
2 frische Eiweiße • 1 Prise Salz
600 ml trockener Weißwein
einige dünne geachtelte Limettenscheiben zum
Garnieren • einige Zitronenmelisseblätter zum
Garnieren

1. Den Limettensirup und den Blue Curaçao in einem Gefäß mit Ausgießer vermischen.

2. Die Eiweiße und das Salz steif schlagen. Inzwischen den Sirup gleichmäßig zulaufen lassen. Die Eiweiße schlagen, bis keine großen Luftblasen mehr zu sehen sind.

3. Etwa 100 ml Weißwein mit dem Schneebesen in die Masse einarbeiten.

4. Die Eismasse in die laufende Eismaschine füllen und etwa 40 Minuten gefrieren lassen.

5. Das Sorbet in 6 Sektflöten portionieren und je zur Hälfte mit dem restlichen Weißwein aufgießen. Das Sorbet mit geachtelten Limettenscheiben und Zitronenmelisseblättern garnieren.

Variation

Statt Blue Curaçao können Sie auch andere farbige Liköre verwenden, wie beispielsweise gelber oder grüner Chartreuse.

Vignone

Meloneneis mit Sekt

500 g Fruchtfleisch einer Wassermelone •
80–100 g Puderzucker

2 EL Zitronensaft • 50 ml Apfelsaft

etwa 1/2 Flasche halbtrockener Sekt

Zitronenmelisse zum Garnieren

1. Das Melonenfleisch in kleine Stücke
schneiden, die Kerne entfernen und den Saft
auffangen. Die Fruchtstücke und den Melo-
nensaft in einem hohen Rührbecher mit dem
Puderzucker vermischen. Alles 30 Minuten
im Kühlschrank durchziehen lassen.

2. Den Zitronen- und den Apfelsaft zur
Melonenmischung geben und alles mit dem
Mixstab pürieren.

3. Die Flüssigkeit in die laufende Eismaschine füllen und etwa 30 Minuten gefrieren.

4. Das Meloneneis mit einem großen Esslöffel portionieren. Die Portionen weit auseinander gelegt in ein verschließbares Gefäß
geben und etwa 15 Minuten gefrieren.

5. Den Sekt auf 6 Sektschalen verteilen
und je 1 Eisportion in den Sekt geben. Mit
Zitronenmelisse garnieren.

Tipp

Zusätzlich können Sie auch ausgestochene Melo-
nenkugeln in die Sektschalen zum Eis geben.

Für 6 Portionen

- Zubereitungszeit:
  ca. 15 Min.
- Kühlzeit:
  ca. 30 Min.
- Gefrierzeit:
  ca. 15 Min.
- ca. 250 kcal je
  Portion

Yellow Dream

Früchtecocktail mit Bananeneis

low fat

raffiniert

nussig

fruchtig ✔

sahnig ✔

für Kids ✔

Für 8 Portionen

- Zubereitungszeit: ca. 30 Min.
- Gefrierzeit: ca. 20 Min.
- ca. 180 kcal je Portion

500 g Bananen • 3–4 EL Zitronensaft •
60 g Blütenhonig • 40–50 g Puderzucker •
1 P. Vanillinzucker

1 frisches Eiweiß • 1 Prise Salz • 200 g Sahne

3 Pfirsiche • 2 Papayas • 100 ml Orangensaft •
300 ml Aprikosennektar

375 ml Milch

8–10 Orangenscheiben zum Garnieren •
Zitronenmelisse zum Garnieren

1. Für das Eis die Bananen in Stücke schneiden und sofort mit dem Zitronensaft beträufeln. Den Honig, den Puderzucker und den Vanillinzucker hinzufügen. Das Ganze mit dem Mixstab fein pürieren und 30 Minuten im Kühlschrank durchziehen lassen.

2. Das Eiweiß, das Salz und die Sahne zur Bananenmasse geben, alles erneut mixen, in die Eismaschine füllen und 20–25 Minuten gefrieren lassen. Das Eis in eine Gefrierform umfüllen und in das Gefriergerät stellen.

3. Für den Cocktail die Pfirsiche mit heißem Wasser überbrühen, enthäuten und in kleine Stücke schneiden. Die Papayas längs halbieren, die Kerne herauslösen. Das Fruchtfleisch von der Schale lösen und in Stücke schneiden. Die Fruchtstücke mit dem Saft und dem Nektar pürieren.

4. Die Milch und 8 Kugeln Bananeneis (etwa 400 ml) zum Fruchtpüree geben und alles nochmals kurz aufschlagen.

5. Den Cocktail in Longdrinkgläser füllen. Einige Eiswürfel hinzugeben und den Cocktail mit einer Orangenscheibe und Zitronenmelisse garnieren.

Nellifresca

Nektarinensorbet

250 g Nektarinen

3 EL Blütenhonig • 150 ml Apfelsaft •
2 EL Zitronensaft

150 g Himbeeren oder Brombeeren (frisch oder
TK-Ware)

Zitronenmelisse zum Garnieren

1. Die Nektarinen 1 Minute in kochendes
Wasser legen, dann kalt abschrecken. Die
Nektarinen enthäuten, die Früchte vierteln
und entsteinen.

2. Die Fruchtstücke mit dem Honig, dem
Apfelsaft und dem Zitronensaft pürieren. Die
Fruchtmasse in die laufende Eismaschine fül-
len und 15–25 Minuten gefrieren lassen.

3. Das Sorbet in eine Gefrierschlüssel aus
Plastik umfüllen und 2–3 Stunden im Gefriergerät erneut gefrieren.

4. Inzwischen die Beeren verlesen, vorsichtig waschen und trockentupfen. Falls
Tiefkühlware verwendet wird, diese auftauen
lassen.

5. Das Eis mit einem Eislöffel portionieren.
Mit den Beeren und der Zitronenmelisse
garnieren.

Variation

Statt Nektarinen können Sie auch die gleiche Menge Pfirsiche verwenden und den Apfelsaft gegen
Maracujasaft austauschen.

low fat ✔

raffiniert

nussig

fruchtig ✔

sahnig

für Kids

Für 4 Portionen
- Zubereitungszeit:
  ca. 25 Min.
- Gefrierzeit:
  ca. 3 $\frac{1}{4}$ Std.
- ca. 100 kcal je
  Portion

Chafrizzor
Teesorbet

Für 4 Portionen

- Zubereitungszeit:
  ca. 30 Min.
- Kühlzeit:
  ca. 1 ½ Std.
- Gefrierzeit:
  ca. 20 Min.
- ca. 100 kcal je
  Portion

2 gehäufte EL grüner Tee (20–25 g)
100 g Zucker • 2 TL Limettensaft
Pfefferminzzweige zum Garnieren

1. Zunächst 600 ml Wasser zum Kochen bringen und 200 ml davon über die Teeblätter gießen, 1 Minute ziehen lassen und durch ein feines Sieb abgießen. Dieser erste Absud wird weggeschüttet.

2. Die Teeblätter zurück in das Gefäß geben, mit dem restlichen kochenden Wasser übergießen und 3–5 Minuten ziehen lassen. Den Tee in einen hohen Rührbecher abseihen, den Zucker und den Limettensaft dazugeben und weiterrühren, bis sich der Zucker aufgelöst hat. Den Tee abkühlen lassen und für etwa 1 ½ Stunden in den Kühlschrank stellen.

3. Den Tee in die Eismaschine füllen und etwa 20 Minuten gefrieren lassen.

4. Das Teesorbet mit einem Eislöffel portionieren. Je 2 Eiskugeln in ein Schälchen geben und diese mit Pfefferminzzweigen dekorieren.

Variation

Statt mit grünem Tee können Sie dieses Eis auch mit Kräutertee, z. B. auf Basis von Zitronengras, zubereiten. Dafür überbrühen Sie etwa 4 EL Zitronengrastee mit 400 ml Wasser, süßen das Ganze und lassen den Tee abkühlen. Erst dann die Teeblätter abgießen.

Espressivo

Espresso mit geeistem Baileys

low fat

raffiniert ✔

nussig

fruchtig

sahnig ✔

für Kids

400 ml Milch • 200 g Kondensmilch • 90 ml Baileys •
2 gehäufte EL Instant-Cappuccino-Pulver, ungesüßt •
50 g Zucker • 100 g Sahne

1 frisches Eiweiß • 2 EL brauner Zucker •
1 Prise Salz

ca. 400 ml Espresso • etwas Kakaopulver

Für 8 Portionen

● Zubereitungszeit:
  ca. 40 Min.
● Kühlzeit:
  ca. 1 Std.
● Gefrierzeit:
  ca. 4 ³/₄ Std.
● ca. 100 kcal je
  Portion

1. Etwa 200 ml Milch mit der Kondensmilch, 80 ml Baileys und dem Cappuccino-
Pulver aufkochen lassen. Die Likörmilch vom
Feuer nehmen, den Zucker dazugeben, gut
umrühren und alles etwa 10 Minuten warm
stellen. Die Sahne dazugeben, das Ganze
abkühlen lassen und 1 Stunde in den Kühlschrank stellen.

2. Nach Ablauf der Kühlzeit das Eiweiß
mit dem braunen Zucker und dem Salz steif
schlagen. Den Eischnee in die Flüssigkeit
rühren. Das Ganze in der Eismaschine etwa
45 Minuten gefrieren lassen, nach 35 Minuten den restlichen Baileys dazugeben. Das
Eis im Gefriergerät 4 Stunden gefrieren.

3. Kurz vor dem Anrichten die restliche
Milch erwärmen und aufschäumen. 400 ml
Espresso kochen und auf 8 Kaffeetassen
verteilen. Die Milch angießen, je 1 Eiskugel
hinzufügen und alles mit Kakaopulver über-
stäuben.

Daukolätta

Buttermilch-Möhren-Sorbet

low fat ✔

raffiniert ✔

nussig

fruchtig

sahnig

für Kids ✔

Für 4 Portionen

- Zubereitungszeit: ca. 10 Min.
- Gefrierzeit: ca. 1 ½ Std.
- ca. 120 kcal je Portion

300 ml Möhrensaft, ungesüßt • 1 gehäufter TL Kräutersalz • etwas weißer Pfeffer aus der Mühle • 75 ml Orangensaft • 3 TL Limettensaft
½ l Buttermilch oder Kefir • einige Zweige glattblättrige Petersilie zum Dekorieren

1. Den Möhrensaft mit den Gewürzen, dem Orangen- und dem Limettensaft vermischen.

2. Die Flüssigkeit in die laufende Eismaschine gießen und etwa 25 Minuten gefrieren lassen.

3. Das Sorbet in eine Plastikdose geben und verschlossen noch 1 Stunde gefrieren.

4. Die Buttermilch oder den Kefir auf 4 Gläser verteilen. Das Sorbet mit einem Esslöffel portionieren und auf die Gläser verteilen. Das Ganze mit Petersilienzweigen dekorieren.

Tipp

Sie können das Sorbet auch mit frischen Möhren zubereiten: Garen Sie 150 g kleine Möhrenstücke etwa 8 Minuten in 150 ml Wasser, pürieren Sie das Ganze und lassen Sie es gut abkühlen. Dann verfahren Sie weiter wie im Rezept beschrieben.

Tropical Colada

Ananas-Kokos-Shake

low fat

raffiniert

nussig

fruchtig ✔

sahnig

für Kids

Für 4 Portionen

- Zubereitungszeit: ca. 25 Min.
- Kühlzeit: ca. 30 Min.
- Gefrierzeit: ca. 40 Min.
- ca. 190 kcal je Portion

1 Dose Ananasscheiben (ca. 250 g Einwaage) • 250 ml Kokosmilch
3 frische Eiweiße • 80 g Puderzucker •
2 EL weißer Rum
1 Banane • 1 EL Zitronensaft • 8 Belegkirschen • Zitronenmelisse
¼ l Ananassaft

1. Etwa drei Viertel der Ananasscheiben mit dem Saft aus der Dose und 130 ml Kokosmilch pürieren. Die restlichen Scheiben klein schneiden, einen Teil der Stücke für die Spießchen beiseite stellen und den Rest zum Püree geben. Dieses 30 Minuten kühl stellen.

2. Die Eiweiße mit dem Puderzucker steif schlagen und unter das Fruchtpüree rühren. Das Ganze in der Eismaschine etwa 40 Mi-nuten gefrieren lassen. Nach 25 Minuten den Rum hinzufügen.

3. Die Banane schälen, die Hälfte der Frucht in Scheiben schneiden und mit Zitronensaft beträufeln. Die Melisse waschen, trockentupfen und die Blätter von den Stielen zupfen. Die Bananenscheiben, Ananasstücke, Kirschen und Melisseblättchen abwechselnd auf 4 Holzspießchen stecken.

4. Dann 4 große Kugeln Eis in eine Rührschüssel geben. (Übriges Eis im Gefriergerät aufbewahren.)

5. Den Ananassaft zusammen mit der restlichen Kokosmilch und der Bananenhälfte zu den Eiskugeln geben und alles pürieren.

6. Das Mixgetränk auf 4 Gläser verteilen und mit den Spießchen dekorieren.

Sommernachtstraum
Schoko-Minz-Eistorte

low fat

raffiniert ✔

nussig

fruchtig

sahnig

für Kids

Für 6 Stück

- Zubereitungszeit: ca. 1 Std.
- Backzeit: ca. 20 Min.
- Gefrierzeit: ca. 15 Min.
- ca. 370 kcal je Stück

80 g weiche Butter • 80 g Zucker • 1 Prise Salz • 2 frische Eier

125 g Mehl • 1 TL Backpulver

etwas Butter zum Einfetten • etwas Mehl zum Bestäuben

2 EL Rosenwasser • 1 EL weißer Rum

75 g Marzipanrohmasse • 3 TL Pfefferminzsirup • 80 g Puderzucker

75 g Schoko-Pfefferminz-Täfelchen z. B. „After Eight" • 250 g saure Sahne • 1 P. Vanillinzucker • 1 TL Kakaopulver • 2 frische Eier

100 g weiße Kuvertüre oder Zartbitterkuvertüre

1. Zunächst den Backofen auf 200 °C (Umluft 170 °C; Gas Stufe 3) vorheizen. Butter, Zucker, Salz und Eier mit den Rührbesen eines Handrührgeräts schaumig schlagen.

2. Das Mehl mit dem Backpulver vermischen und fein sieben. Die Mischung löffelweise unter den Teig rühren.

3. Eine Obstbodenform (etwa 28 cm Ø) mit etwas Butter einfetten und mit etwas Mehl bestäuben. Dann den Teig in die Obstform füllen und glatt streichen. Den Tortenboden etwa 20 Minuten backen, etwas abkühlen lassen und aus der Form stürzen.

4. Den Teig auskühlen lassen, dann halbieren, die eine Hälfte mit Rosenwasser und Rum beträufeln. Die andere Hälfte andersweitig verwenden.

5. Die Marzipanrohmasse in Stückchen schneiden und mit dem Sirup und 3 EL Puderzucker mit einer Gabel zerdrücken, dann verkneten.

6. Für das Eis die Schoko-Pfefferminz-Täfelchen in etwa 1 x 1 cm große Quadrate schneiden. Die saure Sahne, den restlichen Puderzucker, den Vanillinzucker und den Kakao verquirlen. Die Eier und die Pfefferminzstückchen dazugeben und alles nochmals gut verrühren; die Pfefferminzstückchen sollen sich etwas auflösen. Die Masse in die Eismaschine füllen und etwa 15 Minuten gefrieren lassen.

7. Die Kuvertüre schmelzen und das Marzipan auf dem Tortenboden ausbreiten. Das Eis auf dem Marzipan verteilen, die Torte in 6 Stücke teilen und jedes Stück mit Kuvertüre begießen.

Tipp

Am besten backen Sie den Boden schon am Vortag, dann müssen Sie nicht auf das Abkühlen des Bodens warten. Wenn Sie es eilig haben, können Sie natürlich auch einen fertigen Obstkuchenboden kaufen.

Maracuja-Eis-Hütchen

Windbeutel mit Maracuja-Dickmilch-Eis

Für 12 Stücke

- Zubereitungszeit: ca. 30 Min.
- Gefrierzeit: ca. 15 Min.
- Backzeit: ca. 30 Min.
- ca. 400 kcal je Stück

250 g Dickmilch • 5 frische Eier • 3 EL Milch •
250 Sahne • 125 g Maracujasirup

etwas Butter zum Einfetten

50 g Butter • 1 Prise Salz • 1 EL Zucker •
150 g Mehl

Erdbeeren zum Dekorieren

1. Dickmilch, 1 Ei, Milch, 3 EL Sahne und Maracujasirup verrühren und in der Eismaschine etwa 15 Minuten gefrieren lassen.

2. Inzwischen den Backofen auf 220 °C (Umluft 190 °C; Gas Stufe 3–4) vorheizen und ein Backblech einfetten. Die restlichen Eier verquirlen.

3. Etwa ¼ l Wasser mit der Butter, dem Salz und dem Zucker aufkochen, den Topf von der Platte nehmen und das Mehl dazugeben. Das Ganze erst glatt rühren und dann bei mittlerer Hitze rühren, bis sich ein Kloß bildet. Den Teig von der Platte nehmen und die verquirlten Eier nach und nach darunter rühren.

4. Aus dem Teig walnussgroße Häufchen abstechen und auf das Blech setzen. Den Teig auf der mittleren Schiene 30 Minuten backen. Die Windbeutel noch heiß aufschneiden, dann erkalten lassen.

5. Inzwischen die restliche Sahne steif schlagen und in einen Spritzbeutel mit Sterntülle füllen. In die ausgekühlten Windbeutelhälften Maracuja-Dickmilch-Eis füllen, mit Sahne garnieren und den oberen Teil des Windbeutels darauf setzen. Zum Schluss alles mit Erdbeeren garnieren.

Crêpes Noisette
Eis-Crêpes

80 g Mehl • 1 Prise Salz • 1 TL Zucker •
3 frische Eier • 6 EL Milch • 1 EL Öl • 1 EL Cognac
125 g Dickmilch • 230 g Sahne • 150 g Ahornsirup •
100 g Walnusskrokant
etwas Butter zum Einfetten
24 Walnusshälften •
Zitronenmelisse zum Garnieren

1. Mehl, Salz, Zucker, 2 Eier, 1 Eiweiß,
4 EL Wasser, 4 EL Milch, Öl und Cognac zu
einem glatten, sehr dünnen Pfannkuchenteig
verquirlen und zugedeckt mindestens 1 Stunde an einem kühlen Ort quellen lassen.

2. Für das Walnusseis die Dickmilch mit
dem Eigelb, 2 EL Sahne und 100 g Ahornsirup verrühren. Das Walnusskrokant fein
hacken und anschließend einrühren. Die
Masse in die laufende Eismaschine füllen
und etwa 15 Minuten gefrieren lassen. Das
fertig gerührte Eis im Eisbehälter lassen.

3. Inzwischen in einer nur leicht gefetteten
Pfanne nacheinander 6 dünne Pfannkuchen
goldgelb backen und im Backofen warm
stellen.

4. Die restliche Sahne steif schlagen. Die
Crêpes auf flachen Desserttellern mit je 4 Eiskugeln anrichten und zusammenklappen. Mit
Schlagsahne, dem restlichen Ahornsirup, Walnusshälften und Zitronenmelisse garnieren.

Tipp

Statt mit Walnusseis können Sie die Crêpes mit Vanilleeis (siehe S. 22) füllen. Dazu reichen Sie heiße
Kirschen. Dafür erhitzen Sie ein Glas Kirschen mit
Saft. Zuvor etwa 6 EL Saft abnehmen und mit 3 EL
Stärke verrühren. Die Stärke unter Rühren in die kochenden Kirschen geben und das Ganze einmal aufkochen lassen. Mit Zucker und Zimt abschmecken.

low fat
raffiniert
nussig ✔
fruchtig
sahnig ✔
für Kids

Für 6 Portionen
- Zubereitungszeit:
  ca. 40 Min.
- Ruhezeit:
  ca. 1 Std.
- Gefrierzeit:
  ca. 15 Min.
- ca. 330 kcal je
  Portion

Baiser-Eis-Kuchen

Buttermilcheis mit Mohn-Marzipan-Baiser

low fat

raffiniert ✔

nussig ✔

fruchtig

sahnig

für Kids

Für 8 Stücke

- Zubereitungszeit: ca. 35 Min.
- Trockenzeit: ca. 1 Std.
- Kühlzeit: ca. 1 ½ Std.
- Gefrierzeit: ca. 2 ½ Std.
- ca. 270 kcal je Stück

etwas Butter zum Einfetten • 50 g Marzipan-Roh-masse • 4 frische Eiweiße • 75 g Mohnbackfüllung (fertige Kuchenfüllung) • 1 ½ TL Zitronensaft • 1–2 TL Rosenwasser • 150 g Puderzucker • 1 Prise Salz

50 g weiße Schokolade • 50 g Zucker • 1 EL Honig • 75 g Sahne • 400 g Buttermilch • 2 EL Zitronensaft

Beeren zum Garnieren

1. Den Backofen auf 120 °C (Umluft 90 °C; Gas Stufe 1) vorheizen, ein Backblech einfetten. Das Marzipan mit 1 Eiweiß, dem Mohn, 1 TL Zitronensaft und dem Rosenwasser vermischen. Die restlichen Eiweiße mit dem Puderzucker, dem restlichen Zitronensaft sowie dem Salz steif schlagen und unter die Marzipanmasse heben. Das Ganze auf dem halben Backblech ausstreichen und etwa 1 Stunde auf mittlerer Schiene trocknen lassen.

2. Inzwischen die Schokolade mit dem Zucker, dem Honig und der Sahne schmelzen. Die Buttermilch und den restlichen Zitronensaft unterrühren und das Ganze 1 ½ Stunden kühl stellen.

3. Die gekühlte Masse in der Eismaschine 25–35 Minuten gefrieren lassen. Das Baiser entsprechend der Größe der verwendeten Kastenform in rechteckige Stücke schneiden.

4. In eine Kastenform im Wechsel jeweils Baiser und Eis geben, sodass insgesamt 4 Schichten entstehen. Das Ganze für 2 Stunden in das Gefriergerät stellen. Den Eiskuchen stürzen, in Scheiben schneiden, mit Beeren garnieren und servieren.

Tipp

Am besten können Sie den Baiser-Eis-Kuchen mit einem großen Messer schneiden, das Sie immer wieder in lauwarmes Wasser tauchen.

Variation

Anstelle des Buttermilcheises können Sie auch Mascarpone-Johannisbeer-Eis zwischen die Baisermasse schichten. Dafür verlesen Sie etwa 80 g Johannisbeeren und pürieren die Beeren dann mit etwa 50 g Puderzucker. In einer zweiten Schüssel vermengen Sie 100 g Mascarpone mit 5 EL Milch, 125 g Joghurt und 50 g Puderzucker. Die Mascarponemasse geben Sie mit dem Johannisbeerpüree in eine Eismaschine und lassen es in etwa 25 Minuten gefrieren. Ansonsten verfahren Sie wie im angegebenen Rezept.

Surprise
Eistrüffeln

150 g Schokoladeneis (S. 30) • 150 g Karamelleis (S. 32) • 100 g Bitterschokoladeraspel
350 g Haselnusseis (S. 60) • 350 g Vanilleeis (S. 22)

1. Die Eistrüffeln bestehen jeweils aus einem Kern und einer Hülle. Am besten mit dünnen Plastikhandschuhen arbeiten. Für die Trüffelkerne mit einem sehr kleinen Eisportionierer aus dem Schokoladen- und Karamelleis jeweils 5 Kugeln portionieren und diese auf einem Teller in den Schokoladeraspel wälzen. Die so bereiteten Kerne wieder in das Gefriergerät stellen.

2. Für die Hüllen je 5 Portionen Haselnuss- und Vanilleeis von jeweils etwa 70 g Eis vorbereiten. Jetzt rasch arbeiten: Die Portionen einzeln mit den Händen plätten und eine Mulde in die Mitte drücken. Die Kerne hineinlegen und die Hüllen rundum verschließen. Die Trüffeln runden und etwa 15 Minuten in das Gefriergerät stellen.

3. Die Trüffeln auf Tellerchen oder in Schalen anrichten.

Tipp

Dunkle Trüffeln mit heißer Schokolade übergießen und helle Trüffeln mit Kakaopulver bestreuen.

low fat

raffiniert ✔

nussig ✔

fruchtig

sahnig ✔

für Kids ✔

Für 10 Stücke

● Zubereitungszeit: ca. 20 Min.
● Gefrierzeit: ca. 15 Min.
● ca. 250 kcal je Stück

Minz-Bällchen

Eiskonfekt mit Pfefferminzeis

200 g Sahne • 2 frische Eigelbe • 1–2 EL Puderzucker • 1 Prise Salz • 50 g Pfefferminzsirup
100 g Zartbitterkuvertüre
1 Zweig Pfefferminze zum Dekorieren

1. Die Sahne erhitzen. Die Eigelbe mit
dem Puderzucker und dem Salz cremig
schlagen, dabei nach und nach den Pfefferminzsirup und zuletzt die heiße Sahne dazugeben. Die Masse vorsichtig erhitzen, bis
sie leicht andickt.

2. Das Ganze etwa 30 Minuten abkühlen
lassen, dann weitere 30 Minuten in den Kühlschrank stellen. Die Eisgrundmasse erneut
durchrühren, in die laufende Eismaschine
füllen und etwa 15 Minuten gefrieren lassen.

3. Das Eis in eine Gefrierschüssel füllen
und etwa 5 Stunden im Gefriergerät nachgefrieren lassen.

4. Ein großes Kunststoff-Schneidebrett
kühlen. Die Kuvertüre schmelzen. Mit einem
Eislöffel Kugeln portionieren und auf das
Schneidebrett setzen. Die Kugeln nacheinander kurz in die Kuvertüre tauchen und zurück
auf das Brett legen. Die Schokolade gefriert
sofort an.

5. Das Eiskonfekt auf einer kleinen Platte
mit einem Zweig Pfefferminze dekoriert
reichen.

Für 16 Stück
- Zubereitungszeit:
  ca. 25 Min.
- Kühlzeit:
  ca. 1 Std.
- Gefrierzeit:
  ca. 5 Std.
- ca. 80 kcal je
  Stück

Tolle Eisrolle

Biskuitrolle mit Haselnusseis

Für 12 Stück

- Zubereitungszeit: ca. 30 Min.
- Back- und Kühlzeit: 1 ½ Std.
- Gefrierzeit: ca. 20 Min.
- ca. 300 kcal je Portion

300 ml Milch • 200 g Sahne • 70 g brauner Zucker •
2 frische Eigelbe
4 große frische Eier • 150 g Zucker •
1 P. Vanillinzucker • 180 g Mehl •
gut ½ TL Backpulver
90–110 g Haselnüsse

1. Für das Eis die Milch und 100 g Sahne mit 2 EL braunem Zucker bis kurz vor dem Siedepunkt erhitzen. Inzwischen die Eigelbe mit dem restlichen Zucker schaumig schlagen. Die heiße Sahne-Milch-Mischung unter die Schaummasse rühren und alles unter Rühren auf kleiner Flamme andicken lassen. Die Mischung abkühlen lassen und für etwa 1 Stunde in den Kühlschrank stellen.

2. Für die Biskuitrolle den Backofen auf 220 °C (Umluft 190 °C; Gas Stufe 3–4) vorheizen und ein Backblech mit Backpapier auslegen. Die Eier trennen. Die Eiweiße mit 3 EL Wasser zu steifem Schnee schlagen, dabei den Zucker und den Vanillinzucker langsam einrieseln lassen. Die Eigelbe verquirlen und unter den Eischnee ziehen. Das Mehl und das Backpulver über den Schnee sieben und mit zwei Gabeln locker unterheben.

3. Den Teig auf das Backpapier streichen und im Backofen auf der mittleren Schiene in 8–10 Minuten hellbraun backen. Den Biskuit sofort auf ein mit Zucker bestreutes Küchentuch stürzen. Das Backpapier befeuchten

und vorsichtig abziehen. Den Biskuit sofort mit dem Tuch locker ausrollen und 1 Stunde auskühlen lassen.

4. Inzwischen das Eis fertig stellen: Die Haselnüsse, bis auf 12 für die Dekoration, grob hacken und in einer Pfanne ohne Fett anrösten, bis sie zu duften beginnen. Die Nüsse abkühlen lassen, 2–3 EL für die Dekoration beiseite stellen.

5. Die übrigen Haselnüsse unter die gekühlte Eismasse rühren. Diese in die laufende Eismaschine geben und etwa 20 Minuten gefrieren lassen. Das Eis im Gefrierbehälter lassen, bis die Biskuitrolle ausgekühlt ist.

6. Die Biskuitrolle vorsichtig ausrollen, das Eis darauf verteilen und ausstreichen. Den Biskuit mithilfe des Tuches wieder zusammenrollen und auf eine Kuchenplatte legen.

7. Die restliche Sahne steif schlagen. Die Rolle mit Sahnetupfern oder -streifen verzieren, mit den zurückbehaltenen Nussstücken bestreuen und mit den 12 ganzen Nüssen belegen.

Tipp

Eisrollen können Sie natürlich auch mit anderen Milcheissorten zubereiten.

Alphabetisches Rezeptverzeichnis

Rezeptverzeichnis nach Fantasienamen

Impressum

Impressum

Im FALKEN Verlag sind zahlreiche Titel zum Thema „Essen und Trinken" erschienen.
Sie sind überall erhältlich, wo es Bücher gibt.

Sie finden uns im Internet: **www.falken.de**

Dieses Buch wurde auf chlorfrei gebleichtem und säurefreiem Papier gedruckt.

Der Text dieses Buches entspricht den Regeln der neuen deutschen Rechtschreibung.

Die Fotos sind auf Agfa RSX II 100 fotografiert. Der Fotograf dankt der Firma Agfa für die freundliche Unterstützung.

ISBN 3 8068 2605 6

Umschlaggestaltung: Martina Eisele, München
Gestaltung: red.sign, Stuttgart
Redaktion: Marlein Auge, Düsseldorf und red.sign, Stuttgart
Koordination und Schlussredaktion: Elly Lämmlen, FALKEN Verlag und Marlein Auge, Düsseldorf
Bildbeschaffung: Dr. Ruth Leners
Herstellung: Petra Becker, FALKEN Verlag und red.sign, Stuttgart
Titelbild: Klaus Arras, Köln
Weitere Fotos auf dem Umschlag: Die Bilder auf der Umschlaginnenseite vorne wurden dem FALKEN Verlag freundlicherweise von der Autorin und vom Fotografen zur Verfügung gestellt. **K. Arras,** Köln: Umschlagklappe, hinten, innen, li. o., li. m., li.u. sowie re. o., re. m. und re. u.
Rezeptfotos: Klaus Arras, Köln
Weitere Fotos im Innenteil: Klaus Arras, Köln S. 8/9 / **FALKEN Archiv: TLC:** S. 1 re. o., li. u., 5, 6 und 7

Satz: red.sign, Stuttgart
Druck: Druckhaus Cramer, Greven

817 2635 4453 6271